POÈMES POUR CÉLÉBRER LES FÊTES

DU MÊME AUTEUR :

L'amour en cinquante sonnets (autoédition, 2006)
Et vogue la musique (autoédition, 2007)
Ballades humoristiques (autoédition, 2007)
De-ci de-là (autoédition, 2008)
Ballades des animaux (autoédition, 2008)
Des gens ordinaires (autoédition, 2008)
Sonnets fantastiques (autoédition, 2008)
Ballades des métiers (autoédition, 2009)
Sonnets pour le vingtième siècle (autoédition, 2010)
Sonnets anglais (autoédition, 2010)
Ballades botaniques (autoédition, 2011)
Sonnets pour deux générations (autoédition, 2011)
Rondeaux et rondels (autoédition, 2012)
Poèmes anciens (autoédition, 2012)
Haïkus et tankas (autoédition, 2012)
Ballades des quatre saisons (autoédition, 2013)
Chansons enfantines (autoédition, 2013)
Poèmes à chanter (autoédition, 2013)
Sonnets des six continents (autoédition, 2013)
Ballades satiriques (autoédition, 2014)
Poèmes à chanter II (autoédition, 2014)
Sonnets de l'Histoire de France (autoédition, 2015)
Poèmes coréens (autoédition, 2015)
Sextines de tous temps (autoédition, 2015)
Pantouns de France et d'ailleurs (autoédition, 2015)
Chants royaux d'hier et d'aujourd'hui (autoédition, 2015)
Sonnets pour une Provence mystérieuse (autoédition, 2015)
Sonnets pour un Paris mystérieux (autoédition, 2016)
Sonnets pour la ville d'Orange (autoédition, 2016)
Poèmes du monde entier (autoédition, 2016)
Sonnets en assonance (autoédition, 2017)
Sonnets pour les provinces de France (autoédition, 2017)
Poèmes à chanter III (autoédition, 2017)
Poèmes à tout vent (autoédition, 2017)
Poèmes du monde entier II (autoédition, 2018)

Michel MIAILLE

POÈMES POUR CÉLÉBRER LES FÊTES

Michel MIAILLE, éditeur

©Michel MIAILLE, éditeur, 2018
michel.miaille@orange.fr
ISBN : 979-10-91164-58-0
« Le code de la propriété intellectuelle interdit les copies ou reproductions destinées à une utilisation collective. Toute représentation ou reproduction intégrale ou partielle faite par quelque procédé que ce soit sans le consentement de l'auteur ou de ses ayant cause, est illicite et constitue une contrefaçon, aux termes des articles L.335-2 et suivants du code de la propriété intellectuelle. »

AVANT-PROPOS

La vie est là qui passe, monotone, avec ses jours avec, avec ses jours sans ; il s'agit du bonheur et de la joie, bien-sûr. Et soudain les revoilà, ces jolis mots que l'homme a inventés quand il fait de son mieux : Bonne année, bon anniversaire, vive nos vingt ans. Et la fête est là, dans ses jolis habits, sa parure des beaux jours et sa bonne humeur.

Alors, j'ai voulu tout simplement, leur rendre un petit hommage, à ces mots qu'on entend résonner, en général une fois par an, mais comme ils sont nombreux, ils ont vite fait de se succéder ; l'année nous semble plus belle, les humains plus fraternels, l'avenir plus serein. Et l'on a envie de dire : merci la vie.

Bien entendu, les fêtes du monde et dans le monde sont si nombreuses, qu'une petite encyclopédie ne saurait y suffire et puis, même différentes dans leurs noms ne sont-elles pas les mêmes dans le cœur des hommes de tous temps. J'ai donc effectué une petite sélection avec ce que les gens connaissent le mieux. Que les autres fêtes me pardonnent : nous ne les oublions pas et leur donnons rendez-vous un autre jour.

Alors, belle journée à tous, amusez-vous bien, soyez heureux et, comme Michel Fugain le chantait en son temps : c'est la fête et il avait bien raison.

Michel Miaille

À ces jours différents,
Ceux qui nous font oublier la vie quotidienne,
Ceux qui nous la font plus belle,
Ceux qui nous laissent tant de souvenirs,
Eux qu'on oubliera en dernier,
Eux les jours de fête.

LA FÊTE DE LA MUSIQUE

BALLADE DE LA FÊTE DE LA MUSIQUE (ballade)

Voilà la tendre mélodie
Puis les flonflons et tous les sons,
Le rock, la rengaine hardie,
S'amusant de mille façons.
On voit s'envoler les chansons
Avec un bel élan frénétique,
Au temps des fleurs et des moissons,
À la fête de la musique.

Un joyeux bonheur irradie
Dans les foyers, dans les maisons.
On voit une foule étourdie
Dessus les places et les ponts.
Des gens ont des airs polissons,
D'autres un sourire magique.
Chacun y vient pour ses raisons
À la fête de la musique.

On voit même la parodie
De chants par de joyeux lurons
Et des accents de rapsodie
Poussant leurs mots lourds et profonds.
Les filles avec les garçons
Refont la danse hystérique.
On rêve de belles saisons
À la fête de la musique.

Princes, voyez tous ces émois,
Tout ce bel engouement physique
Au tout début d'un joli mois,
À la fête de la musique.

FÊTE DE LA MUSIQUE (sonnet)

Le mois de juin s'en vient ; il fait doux par ce temps.
Ils sont encore là, l'enfant, le joyeux drille,
Le couple d'autrefois ; dans chaque regard brille
L'espoir de partager de superbes instants.

Musiciens, chanteurs semblent fort compétents ;
L'instrument électrique avec ardeur frétille ;
Chacun adore ici le rock ou la gambille ;
On se dit que tout ça pourrait durer longtemps.

Tes flonflons volent dans les airs et la nuit pure
Au rythme des refrains ; chaque amoureux susurre
Des mots tendres tandis qu'il retient une main.

Avec tes jolis sons et ton ardeur physique,
Aujourd'hui puis et ce soir, qui sait jusqu'à demain,
Rends-nous toujours plus gais, fête de la musique.

FÊTONS L'AMOUR ET LA MUSIQUE (chanson)

L'orchestre refait la chanson
Juste pour nous et sans façon ;
Les mots, les notes jouent ensemble,
S'accordant si bien tous les deux
Sur l'air triste ou bien langoureux
Dans ce monde qui nous rassemble.
Nous rêvons comme des enfants,
Des oiseaux devant le printemps.
Le ciel est devenu magique
Avec tes mains dessus mon cou.
D'une pierre faisons deux coups,
Fêtons l'amour et la musique.

Des milliers d'amants sur la terre
Rêvent de partir pour Cythère,
Dans ce pays inaccessible,
Dans le pays des rêves fous
Qu'on se construit joue contre joue
Mais où pourtant tout est possible.
On ne voit pas courir le temps
Face au tempo de ces accents.
Le bonheur connait la tactique
Avec ses manies d'intrigant ;
Alors, en oubliant les gens,
Fêtons l'amour et la musique.

Demain sera vite venu
Pour tant de nouveaux inconnus
Qui seront là à notre place,
Dispensant bonheur, illusions.
Loin des premiers jours de fusion,
Le monde aura changé de face.
Il pleuvra, il fera si bon
Bien au-delà des horizons.
Des amoureux bien sympathiques
Oublieront tout aux alentours
En croyant dire pour toujours :
Fêtons l'amour et la musique.

Le bal s'est tu dans le matin
Comme un superbe diablotin
Et les jours comptent sur leurs doigts
Les vents qui mènent la jeunesse.
À présent, d'autres jours se pressent,
D'autres bouches ont un air grivois
Mais nos vieux mots sont éternels
Et revivent tels des appels ;
Soudain le ciel tout gris abdique
Disant, juste pour un instant,
Ces simples mots de tous les temps,
Fêtons l'amour et la musique.

TOUT ÇA FAIT DE LA MUSIQUE (chanson enfantine)

Mon papa joue du piano
En faisant courir les notes
Pareilles à des oiseaux
Un peu comme des images

Voici un do
Voici un ré
Voici un mi
Voici un fa
Tout ça fait de la musique

Ma maman joue du violon
Son archet court dans l'espace
Avec sa gamme et ses sons
Qui prennent toute la place

Mon frère lui joue du cor
Ma sœur joue de la trompette
Tous deux fabriquent des accords
En créant comme une fête

Mon tonton joue du piston
Mon cousin de la guitare
Et moi de l'accordéon
Dans un joyeux tintamarre

Mon pépé joue du tuba
Et sans arrêt s'époumone
Mémé de l'harmonica
Et ma tante du trombone

Voici un sol
Voici un la
Voici un si
Voici un do
Tout ça fait de la musique

VOICI LA FÊTE DE LA MUSIQUE (poème libre)

Juin a mis son joli costume
Et sa parure d'été
Le ciel est clair le ciel est bleu
Dans la soirée du mois de juin
Elle se met en costume
En bel habit de fête
Les kiosques accueillent ses musiciens
Et chacun accorde son instrument
Guitares électriques aux formes bizarres
Violons traditionnels sortis de leurs étuis
Et trompettes en verve
Tous préparent leur récital
Le chanteur la chanteuse
Se sont fait beaux comme des sous
Mettant leurs brillants habits pour lui faire honneur
À elle la musique
Le rock bientôt enflamme une scène
Plus loin un concerto dévide ses humeurs
Ça joue de tous les côtés
Et ça sent la fête à plein nez
Les bistrots les restos
Font jouer leurs jolies caisses
La musique a pris ce soir
Tous ses airs de variété
Mais il fait si beau dans les cœurs
Il fait si bon dans les jambes
Chacun se croit le roi du monde
Auprès de cette belle princesse

Cette reine de tous les temps
Cette fille adorée des dieux
Compagne des rois et des gueux
Elle la musique
Qui fait sa fête aujourd'hui
Sa fête dans un grand jour
La fête de la musique

LA FÊTE DE LA NATURE

AUJOURD'HUI ON FÊTE LA NATURE (poème libre)

Aujourd'hui c'est la fête de la nature
la fête de ceux qu'on oublie parfois
Les arbres verts ou jaunes en automne
Les petits animaux qui montrent leur museau
Les fleurs qui chantent une autre saison
Et les gens de toujours
Les yeux grands ouverts
Ecarquillés sont émerveillés
Les stands sont dressés
Les jeux font leur travail de jeu
Chacun veut participer
Les produits de la terre font de jolis sourires
Aux passants qui passent
Et les odeurs champêtres
Offrent leurs parfums gratuits
On se croirait en vacances dit l'un
On se croirait au paradis répond un autre
Et chacun de son commentaire
Pendant tout ce temps
Madame la terre et madame la nature
Font comme si de rien n'était
Et leur belle chanson
Dure la journée entière
Et la musique de la faune
Et les jolis cris de la flore
S'en donnent à cœur joie
Aujourd'hui et demain
Hier et puis toujours
C'est la fête de la nature

Sûr que c'est aujourd'hui
La fête de la nature
Disent entre eux deux rossignols
Mais non gros bêta réplique l'autre
C'est tous les jours
C'est aujourd'hui et c'est demain
Je ne suis quand même pas le seul
À l'avoir remarqué
À l'avoir apprécié
Madame la nature qu'on fête tous les jours
Demain hier et aujourd'hui
Allez, sifflons un bon coup en son honneur
Et les oiseaux de siffler
Et les oiseaux de chanter

BALLADE DE LA NATURE EN FÊTE (ballade)

Chaque arbuste aujourd'hui s'étonne
Et le ciel a des reflets bleus.
En haut un nuage moutonne
Et le soleil ouvre ses yeux.
Ce jour s'annonce très heureux
Et la foule fort satisfaite.
On peut remercier les cieux
Lorsque la nature est en fête.

Le touriste avec l'autochtone
Amènent un public nombreux.
Pas de risque que le ciel tonne
Sur les seigneurs ou sur les gueux.
On y trouve de tout, des jeux,
La fée et la douce nymphette,
Des enfants et des amoureux
Lorsque la nature est en fête.

Voici la plante qui festonne
Et des animaux pelucheux.
Plus loin une bête gloutonne
Dévore le gazon herbeux.
Chaque stand allume ses feux,
L'attraction se veut parfaite
Pour les rois du monde, les gueux,
Lorsque la nature est en fête.

Princes et manants valeureux,
Goutez l'humanité surfaite
Et tous ces êtres chaleureux,
Lorsque la nature est en fête.

LA NATURE EST EN FÊTE (chanson)

Le ciel nous fait des sourires
Le bleu lui va bien
Les fleurs et les champs soupirent
Le printemps revient
Il fait beau dans les branches
Le soleil est en or
On se croirait en dimanche
Et l'on se sent fort

La nature s'est mise en fête
Pour tous les cœurs des amoureux
Et tout au long de cette fête
Le soleil brille pour nous deux
L'amour a ses yeux de romance
Avec son regard langoureux
Merci la vie pour ces avances
Cette passion et tous ces feux

Parfois le ciel fait des siennes
Par ses trombes d'eau
Tant de fureurs anciennes
Réveillent leurs maux
Mais après la colère
Le revoilà tout doux
Nous repartons pour Cythère
Joyeux et debout

La nature s'est mise en fête
Pour tous les cœurs des amoureux
Et tout au long de cette fête
Le soleil brille pour nous deux
L'amour a ses yeux de romance
Avec son regard langoureux
Merci la vie pour ces avances
Cette passion et tous ces feux

Pourtant un jour tout s'efface
D'autres gens viendront
Quand nous céderons la place
D'autres chanteront
La belle sait surprendre
Tous les pauvres humains
Pour l'instant laissons-nous prendre
Par sa douce main

La nature s'est mise en fête
Dans tous les yeux des amoureux
Et tout au long de cette fête
Le soleil brille pour nous deux
L'amour a ses yeux de romance
Avec son regard langoureux
Merci la vie pour ces avances
Cette passion et tous ces feux

LA NATURE EST EN FÊTE (comptine)

L'entends-tu, la vois-tu
La nature en fête, la nature en fête ?
L'entends-tu, la vois-tu
La dame toute en vert et son eau brillante ?

Elle ravit les enfants
Avec son ciel tout bleu, avec ses jeux joyeux ;
Elle ravit tous les grands
Avec ses animaux et ses arbres géants.

Elle berce le monde
Avec ses refrains et ses chansons diverses.
Elle berce le monde
Avec ses refrains sur notre terre ronde.

MADAME LA NATURE (sonnet)

L'eau fraichit. Le soleil ouvre ses rayons bleus.
Les arbres en hauteur offrent leur bel ombrage.
Plantes et animaux ont mis tout leur courage,
Pelages et habits, pour s'offrir à nos yeux.

Des fleurs ont répandu leurs parfums capiteux
Pour chaque visiteur que le ciel encourage.
Rien ne sera trop beau pour ce bel entourage,
Tous ces admirateurs, en ce jour si nombreux.

L'allure toute en joie et forte de sa fête,
Mêlant le vert et l'eau, la mine satisfaite,
À présent pour nous tous, elle offre un beau panel.

Pleine de bonne humeur, sans cris, sans amertume,
Avec ses yeux brillants, son sourire éternel,
Madame la nature a mis son beau costume.

LA FÊTE DES MORTS

À LA FÊTE DES MORTS (chanson)

À la fête des morts
On retrouve des gens
Tous ceux qu'on aime encore
Et qui défient le temps,
Souvenirs dans nos têtes
Ceux qu'on revoit pourtant
Dans une sombre fête
Avec des voix d'antan

À la fête des morts
On revoit des parents
Qui rechantent encore
Dans la brise et le vent
Des mots que l'on regrette
Et qui parlent de tout
Dans une belle quête
Avec ses moments doux

À la fête des morts
On voit des souvenirs
Qui évoquent encore
De choses à bénir
Des visages nous guettent
À l'entour des tombeaux
En portant des lunettes
Vissées sur de vieux os

À la fête des morts
On trouve de l'amour
Auquel on pense encore
Un instant ou toujours
Les mois s'en sont allés
Adieu les années d'autrefois
Celles dont on rêve parfois
À la fête des morts

JE FÊTE MES MORTS (comptine)

Où est ma tati,
Là dans les étoiles,
Loin, très loin d'ici,
Dans l'immense toile ;
J'aimais ses yeux bleus
Et ses grands sourires,
Ses mimis joyeux
Qui me faisaient rire.

Voilà que de temps en temps j'y repense,
Je fête mes morts malgré mon enfance.

Où est mon pépé
Avec ses histoires,
Avec ma mémé,
Je veux bien le croire ;
Ils sont dans le ciel
Ou dessous la terre ;
Pour moi l'essentiel
Reste un vrai mystère.

Voilà que de temps en temps j'y repense,
Je fête mes morts malgré mon enfance.

Où est mon cousin
Du bout de la France
Mon meilleur ami
Le temps des vacances
J'aime les anciens

Des gens disparus
Ceux que j'aimais bien
Voilà que de temps en temps j'y repense
Je fête mes morts malgré mon enfance.

L'IDÉE DE LAFÊTE DES MORTS (poème libre)

Quelle drôle d'idée que la fête des morts
Mais qui donc a inventé ça
Les vivants bien-sûr
Ceux qui s'occupent de la mort des autres
Ça n'arrive pas souvent bien-sûr
Qu'une fois par an
Alors on sort tout le tralala
Les fleurs le cimetière
Les pleurs en vrai
Les pleurs en flots
Les pleurs en faux
Enfin tout ce qu'il faut sortir
À la fête des morts
On se dit en gémissant qu'on voudrait bien
Qu'ils soient tous encore là
Certains se disent sans le dire
Tant mieux qu'ils ne soient plus là
Et puis demain on n'y pensera plus
Moi dit l'un
Je pense sans arrêt à eux
Avec ou sans fête des morts
Moi je ne viens qu'une fois par an
Parce que ça fait loin
Et puis vous le savez bien
Ça ne les ramènera pas sur terre
Et chacun d'y aller de la sienne
Et le temps passe
Et le temps s'en va

Jusqu'à la prochaine fête des morts
Pensez donc d'ici-là
Il aura coulé de l'eau
Sous les ponts des cimetières
Dans le froid des tombeaux
Dedans les yeux des gens
Et dans la grande rivière de la vie
Quand même
La fête des morts
C'est une bien belle idée
Une idée de vivant.

LA BALLADE DU JOUR DES MORTS

Voici le temps du souvenir,
Chaque an avec impertinence.
Ainsi on le voit revenir
Comme un jour de vieille souffrance.
Qu'il soit petit, qu'il soit immense,
Avec souvent des moments forts,
Le cimetière nous relance,
La ballade du jour des morts.

On voit des choses nous unir
Malgré tous les ans en partance ;
Les feuilles viennent à jaunir
Dans un foisonnement intense ;
Parfois l'automne est en avance,
Les cieux apportent leurs renforts
Tandis qu'on rechante en cadence
La ballade du jour des morts.

Ils ont là, nombreux à venir,
Célébrer la triste romance,
Ce tombeau dur comme un menhir
Où revit parfois notre enfance,
Les vieux jours de chaque existence.
Quel que soit le temps au-dehors,
On veut chanter avec décence
La ballade du jour des morts.

Princes que tout un peuple encense,
Voyant la fin de vos efforts,
Célébrez ce jour d'importance,
La balade du jour des morts.

LA FÊTE DES MORTS

Les visiteurs discrets parcourent le chemin
De toujours et l'on voit, trônant dessus la terre,
Les croix et les tombeaux plongés dans leur mystère,
Pour cet être à la fin de son parcours humain.

Si la foule défile, on sait bien que demain
Les lieux retrouveront leur côté solitaire ;
Pourtant les prochains ans, il se peut qu'on enterre
Ce parent, cet ami, qui nous tendait la main.

L'espace d'un instant, le temps d'une journée,
Le cœur dans les vieux jours et l'âme chagrinée,
On court les souvenirs et le temps des remords.

Puis le ciel devient gris et l'on ressent l'automne
Quand chaque cœur revêt son aspect monotone.
Chacun repense aux siens à la fête des morts.

LA FÊTE DU TRAVAIL

LA FÊTE DU TRAVAIL (chanson)

On s'est levé de bon matin
Avec nos pancartes
Tous nos trucs et nos machins
Nos gadgets nos cartes
Et nous voilà rassemblés
Tous avant qu'on parte
Et qu'on nous remarque
Drôle d'assemblée.

La fête du travail
Mon Dieu quelle histoire
Quelle promenade
On a beau y croire
C'est un vrai travail
Une vraie balade
Pleine d'avenues
Et les longues rues
Faut les arpenter
Faut y défiler
Durant un long bail

Voilà tout à coup qu'il pleut
Qu'il tombe des cordes
On dirait que tous les cieux
Soudain sont en désaccord
Et nous voilà tous trempés
Sous nos parapluies

On a le corps détrempé
Sous le gris qui luit
La fête du travail
Mon Dieu quelle histoire
Quelle promenade

On a beau y croire
C'est un vil travail.
Ça vient rarement
Vous conter fleurette
Comme une conquête
Juste une fois l'an
Pour tant de passants
Marchant lentement.

On s'est couché tard le soir
Le corps en fatigue
Pourtant ravis de s'assoir
Grands marcheurs prodigues
On reviendra l'an prochain
Armés de courage
Défiant l'orage
Et le temps mesquin

La fête du travail
Mon Dieu quelle histoire
Quelle promenade

On a beau y croire
C'est un vrai travail
On y reviendra
Y faire des siennes
Et quoi qu'il advienne
On la célèbrera
La fête du travail

LA FÊTE DU TRAVAIL (chanson enfantine))

La fête du travail
C'est bon pour mes parents.
Ils font tous les jours
La course dans la ville
La course dans la ville
Et courent tout le temps
Et courent tout le temps

La fête du travail
C'est pour le boulanger
Il fait chaque matin
Des gâteaux du bon pain
Des gâteaux du bon pain
Pour nous et les voisins
Pour nous et les voisins

La fête du travail
C'est pour notre facteur
Il fait toute l'année
Le transport du courrier
Le transport du courrier
Et de tous les paquets
Et de tous les paquets

La fête du travail
C'est pour notre maitresse
Elle fait sans arrêt
Des devoirs pour nous autres
Des devoirs pour nous autres
Et des chansons jolies
Et des chansons jolies

La fête du travail
Moi je la veux aussi

Car je fais tous les jours
Des pages d'écriture
Des mots et des lectures
Et des leçons aussi
Des punitions aussi

LA FÊTE DU TRAVAIL (sonnet)

Des hommes s'affairent au long de ce grand jour ;
Leur activité n'est pas toujours romantique ;
La résignation et des ans de pratique
Les aident de leur mieux sans renfort de tambour.

Tant de besoins leur font un épuisant séjour ;
Des bureaux, des chantiers éprouvent leur tactique.
Alors consciencieux, sans grand élan mystique,
Ils font leur tâche avec amour, avec plaisir.

Mais en ce premier mai, oubliés ses pontifes
Ses grands adorateurs et tant d'autres califes,
Le printemps, le farniente ouvrent leur éventail.

Si son maitre est encore un bel épouvantail
Qui montre trop souvent tant de puissantes griffes,
Elle est reine aujourd'hui, la fête du travail.

LA FÊTE DU TRAVAIL M'ÉPUISE (ballade)

Aujourd'hui est un jour de fête
Dans le plus petit des terroirs ;
Avec la mine satisfaite,
Je l'ai préparé tant de soirs.
J'ai couru dans tous les couloirs
Avec un cœur qui galvanise
Mais j'y connais des désespoirs ;
La fête du travail m'épuise.

L'affiche doit être refaite
Avec des rouges et des noirs
Et si parfois un trouble-fête
Sort une photo des tiroirs,
Je dois parcourir les trottoirs
Sous le soleil ou dans la mouise.
Même le cœur empli d'espoirs,
La fête du travail m'épuise.

Un peu à l'écart une estafette
De flics a mis ses arrosoirs
Mais pas question de défaite
Devant ces gentils repoussoirs.
On ressortira les mouchoirs
Avant que la peur nous défrise.
À défier tous les pouvoirs,
La fête du travail m'épuise.

Princes, chiches de vos avoirs,
Le labeur souvent vous aiguise.
Si je contre ainsi vos pouvoirs,
La fête du travail m'épuise.

LE GRAND ORCHESTRE DU TRAVAIL (poème libre)

Le grand chef de la vie est déjà à son pupitre
Chacun a devant lui
La partition de son travail
L'un a sorti ses outils
Son établi son matériel
L'autre ouvre son ordinateur
Et les mille secrets cachés dedans
Le professeur ajuste ses mots
Son beau parler ses grands discours
Le vendeur peaufine son baratin
Ses arguments ses chiffres bien calculés
L'agriculteur démarre ses engins
Prêt à affronter la nature et ses maux
L'infirmière et le docteur
Songent à leurs patients
Le boulanger offre son pain
Son sourire et son magasin
La vendeuse s'apprête à vendre
Le maçon s'apprête à bâtir
Le géomètre s'apprête à mesurer
Le gendarme s'apprête à gendarmer
Le vétérinaire s'apprête à soigner
Enfin tout est fin prêt
Monsieur le chef d'orchestre du travail
Lève sa baguette
Une nouvelle fête peut commencer
Aujourd'hui demain et toujours
Pour cette course quotidienne

Pour cette fête du travail
Et chacun d'essayer de jouer juste
Chacun d'essayer de jouer comme il peut
Allez le concert commence
Ecoutez ce monde symphonique.
Le grand chef de l'orchestre du travail
Est à son pupitre
La vie est à son pupitre
Allez on peut commencer

LA NAISSANCE

AVEC CETTE NAISSANCE (sonnet)

Une douce lueur allume les prunelles
De la mère et du père. On voit comme un éclair
Illuminer leurs yeux ; on devine dans l'air
Un grand évènement, de tendres ritournelles.

Après la longue attente et les douleurs charnelles,
Tous ces maux des mamans qui torturent leur chair,
On sait qu'il va venir un jour gris, un jour clair,
Pour gouter à son tour ces choses éternelles.

Et soudain le voici, nouveau pour la maison ;
Voyez déjà les traits de son petit visage ;
Un nouvel être humain déjà vous dévisage.

Il fait soudain très beau au cœur d'une saison
Dans tous ces jours bénis que le bonheur recense,
Avec ce grand bonheur qui s'appelle naissance.

BALLADE DE LA NAISSANCE (ballade)

Voici que s'en vient la nouvelle
Dans tous les endroits du pays.
Un doux chant nouveau nous appelle
Et nous déroule ses tapis.
Un roi invite ses amis,
Nimbé de sa toute-puissance,
Le peuple avec tous les nantis,
Le jour béni d'une naissance.

Une chaumière se fait belle
Et revêt ses plus beaux habits.
Un nouvel enfant nous rappelle
Qu'il est là par ses petits cris.
Faisons-lui voir nos cœurs conquis
Avec notre reconnaissance.
La terre devient paradis,
Le jour béni d'une naissance.

Aujourd'hui soudain nous rappelle
Que la vie a des jours exquis
Et qu'une fête habituelle
Nous offre à nouveau ses doux cris.
Nos yeux sont encore éblouis
Par ce nouveau-né qu'on encense.
On a les sens tout étourdis,
Le jour béni d'une naissance.

Princes aux destins infinis,
Voici que s'en vient l'innocence,
Sans lourds tracas et sans soucis,
Le jour béni d'une naissance

LE JOUR DE TA NAISSANCE (chanson)

Voilà qu'un nouveau jour commence
Et le monde est indifférent
Notre vie à nous est sans importance
Peu de gens pensent à nous de temps en temps

Voici le jour de ta naissance
L'instant que l'on n'oublie jamais
Car au plus profond de nos cœurs
Ce mot est beau comme un été
Avec des lettres de bonheur
Tout comme ce doux mot aimer
L'instant que l'on n'oublie jamais
Voici le jour de ta naissance

L'existence passe si vite
Au fil de nos moments divers
Nous nous bâtirons des accords tacites
Pour traverser les saisons les hivers

Tant que tu vivras près de moi
Je n'oublierai pas ce grand jour
Et quand je m'en irai bien avant toi
Je penserai à ces mots de l'amour
Le jour de ta naissance

LE JOUR D'UNE NAISSANCE (poème libre)

Une aube nouvelle nait
Apportant son lot d'imprévus
Des mots tout en bonheur
Pour faire chanter la vie
Et pour vaincre le temps
Une autre plante croît
Pointant son nez vers le ciel
Regardant ses compagnons
Les arbres les autres plantes
Offrant son vert et ses couleurs
Aux yeux de ses admirateurs
Un animal quelque part s'en vient
Poussant ses premiers cris
Lançant son premier chant
Regardant tout autour
Ce qui peut l'étonner
Ailleurs partout dans le monde
De nouveau-nés ouvrent leurs yeux
Perplexes émerveillés effrayés
Et lorgnent vers ces gens bizarres
Ces futurs compagnons
Bardés de bons sentiments
Recouverts de malédictions
Plus loin dans son nuage
Un poète fait naitre ses mots
Pour célébrer tout ça
Pour réécrire la vie
La faire un peu plus belle

Avec ses mots de poète
Ses mots tout en naïveté
Pour que tout renaisse
Et que tout resplendisse
Pour cette journée au moins
Le jour d'une naissance.

L'ANNIVERSAIRE

AUJOURD'HUI EST UN JOUR D'ANNIVERSAIRE
(poème libre)

Aujourd'hui est un jour d'anniversaire
Anniversaire pour les grands les petits les moyens
Bien de l'eau a coulé
Sous les ponts d'une année
Dans les couloirs du temps
Aujourd'hui est un jour d'anniversaire
Pour célébrer mille évènements
Les choses de la vie
Mais aussi celles de la mort
L'anniversaire du bébé qui a grandi
L'anniversaire de l'enfant qui a poussé
L'anniversaire de celui qui est parti
L'anniversaire de la mort du pépé
Celui du voisin mort l'année dernière
Celui du cousin qu'on avait oublié
Celui qui est à l'autre bout du monde
Celui du village d'à côté
Aujourd'hui est un jour d'anniversaire
L'anniversaire de la liberté retrouvée
L'anniversaire du tyran chassé
L'anniversaire du diable terrassé
L'anniversaire de tous les maux effacés
L'anniversaire du bonheur retrouvé
Celui qu'on aime à célébrer
Celui qu'on célèbre par habitude
Celui qu'on célèbre par certitude
Celui qu'on célèbre malgré soi
Celui qu'on célèbre depuis toujours
Alors on se dit
Alors on se redit
Malgré le temps les jours
Malgré la pluie de novembre
Malgré le soleil de l'été

Malgré les maux tant usités
Malgré le bonheur retrouvé
Aujourd'hui est un jour d'anniversaire
Anniversaire pour les moyens les petits et les grands
Debout là sur la terre
Couchés là sous la terre

BALLADE POUR UN JOUR D'ANNIVERSAIRE
(ballade)

Voici la première des fêtes
Pour un départ tout en douceur ;
Je vois les mines satisfaites
De mes parents tout en splendeur.
Me voilà déjà plein d'ardeur
Dans ce beau maillot qui me serre
Ce premier an me fait honneur,
Le jour de mon anniversaire.

J'ai vingt ans, des idées surfaites
Avec un côté batailleur.
J'arrive sur des entrefaites,
Certain de vouloir le meilleur.
Je ne crains aucun adversaire,
L'âme et cœur plein de vigueur,
Le jour de mon anniversaire.

J'ai cent ans et quelques de défaites,
Et bien des jours tout en aigreur.
J'aime à jouer les trouble-fêtes
M'amusant de chaque valeur.
Le temps qui passe est un voleur
Qui vous blesse et qui vous lacère
Pourtant je le veux prometteur,
Le jour de mon anniversaire.

Princes, célébrez le bonheur
Avec un sourire sincère.
Je veux un monde de chaleur,
Le jour de mon anniversaire.

JOUR D'ANNIVERSAIRE (comptine)

Mon papa et ma maman
Me disent en souriant :
Tous nos vœux les plus sincères
Pour ce jour d'anniversaire.

Tous mes copains, mes amis,
Sont avec moi réunis :
Tous nos vœux les plus sincères
Pour ce jour d'anniversaire.

Mes animaux préférés
Viennent tous pour me fêter :
Tous nos vœux les plus sincères
Pour ce jour d'anniversaire.

Soudain chacun me sourit
Et tout le monde me dit :
Tous nos vœux les plus sincères
Pour ce jour d'anniversaire.

JOYEUX ANNIVERSAIRE (chanson)

Te voilà dans une autre année
Pour poursuivre ta destinée
Joyeux anniversaire
Joyeux anniversaire
Je me souviens de nos folies
De ces souvenirs qui nous lient
Joyeux anniversaire
Joyeux anniversaire

Tes années pour moi comptent double
Avec ces émois qui te troublent
Et quand le cœur me serre
Je me souviens d'une enfant
De tant de merveilleux moments
Dans ce passé où j'erre
Malgré mes premiers cheveux blancs
Malgré les ravages du temps
Joyeux anniversaire

Te voilà sortie de l'enfance
Au rythme de nos anciens pas
Joyeux anniversaire
Joyeux anniversaire
Et tout à coup moi je repense
Aux jours qui ne reviendront pas
Joyeux anniversaire
Joyeux anniversaire

Des mots doux des mots de tendresse
Comme chaque an me pressent
Tandis que je vieillis
Je sais que tu dois t'en aller
Je sais que tu dois me laisser

Ainsi coule la vie ainsi finit notre romance
Quand la jeunesse n'est plus là
Joyeux anniversaire
Joyeux anniversaire

UN BON ANNIVERSAIRE (sonnet)

Tu viens d'avoir cent ans, impassible et serein ;
Tu connus tant de mois, les fêtes, la tourmente,
Tous ces moments bénis que le rose agrémente
En défiant le cours de ce temps souverain.

Tu vécus les secrets d'un ciel contemporain
Avec une existence à la couleur charmante
Mais aussi les complots que l'ennemi fomente
Pour l'homme miséreux, le simple pèlerin.

Maintenant sans tarder et qu'un an se termine
Avec ton vieux passé que chaque heure illumine,
Inexorablement, sans trompette ou tambour,

Nous sommes réunis, avec un cœur sincère,
Pour venir, tous ensemble, au début de ce jour,
Juste te souhaiter un bon anniversaire.

LE JOUR DE L'AN

BALLADE DU JOUR DE L'AN (ballade)

L'année a fini ses efforts
Dans ce parcours qui la surmène
Et bien de ses sujets sont morts
Au fil de ce temps qui nous mène.
L'époque de janvier s'amène,
S'asseyant sur l'ancien bilan.
Dans cette nouvelle semaine,
Voici déjà le Jour de l'An.

Les feux d'artifice au-dehors
Et la gaité qui se promène,
Le bonheur et tous ses transports
Semblent un seul énergumène.
Le champagne gai nous emmène
Comme un aimable courtisan.
La folie est dans son domaine,
Voici déjà le Jour de l'An.

Puis minuit offre ses décors
Et devient un vrai phénomène ;
L'homme et tous ses côtés retords
Font place à la gaité humaine ;
Malgré le froid qui la malmène,
La foule se fait océan ;
Comme une ardeur qui se promène,
Voici déjà le Jour de l'An.

Princes que la fierté démène,
Vous maîtres du monde d'antan,
Vous dominant chaque semaine,
Voici déjà le Jour de l'An.

LE JOUR DE L'AN (chanson)

Il arrive plein de promesses
Empli d'espoir et de caresses
En songeant déjà au printemps
Le jour de l'An
Il ouvrira tout plein de portes
Tant de bonheurs de toutes sortes
Et d'évènements émouvants
Le Jour de l'An
Le Jour de l'An
On va commencer une autre vie
Nous délivrer de bien des soucis
En lui disant bonjour le traitant en ami
On rêve d'autres lendemains
Quand on ira main dans la main
Le cœur joyeux le cœur content
Au Jour de l'An

Avec ses grands feux d'artifice
Nous voilà déjà ses complices
Dans le champagne pétillant
Le Jour de l'An
Nous traiterons de mille sujets
Au travers d'innombrables projets
Défiant les heures et le temps
Au jour de l'An
Au jour de l'An

On se fera un bel avenir
Avant que viennent les souvenirs
Faits de journées de pleurs et d'instants de plaisir
Il est là comme un étendard
Pour beaucoup un nouveau départ
Pour donner un nouvel élan

Le Jour de l'An
Le Jour de l'An
De l'An.

LE NOUVEL AN AU BOUT DU MONDE (poème libre)

Voyez briller Sydney
Voyez chanter Tokyo
Voyez là-bas au loin
Tout au bout de la terre
Le nouvel an qui s'avance
Avec ses grands feux d'artifice
Avec ses cris de joie
Pour le moment sur nos écrans
Pour le moment là-bas
Pour le moment tout en images
La joie est la même
Ici chez nous
Chez nos frères lointains
Chez les humains d'ailleurs
N'importe où de partout
De grands éclairs s'allument
Quelque part en Australie
Quelque part à Pékin
Quelque part dans des îles
Quelque part dans nos rêves
Et l'on se dit soudain
Le cœur empli d'espoir
Dans quelques heures très bientôt
Dans quelques heures à venir
Comme un cadeau éternel
Un cadeau qui revient
Il sera là bientôt
Pour nous aussi
Le nouvel an tant attendu
Pour le moment
Le nouvel an
Est encore au bout du monde

LE NOUVEL AN EST ARRIVÉ (comptine)

Le nouvel an est arrivé,
Doucement avec le premier janvier ;
Le nouvel an est arrivé,
Nous apportant plein de nouveautés.

On voit des gens joyeux faire la fête ;
Le champagne se met à pétiller ;
Une nouvelle année part en conquête
Pour que tout le monde puisse s'aimer.

Le nouvel an est arrivé,
Doucement avec le premier janvier ;
Le nouvel an est arrivé,
Nous apportant plein de nouveautés.

Comme à Noel, les sapins sont tout blancs
Et la neige nous refait sa chanson ;
L'espoir est là pour les grands, les enfants
Et tant de jours pointent à l'horizon.

Le nouvel an est arrivé,
Doucement avec le premier janvier ;
Le nouvel an est arrivé,
Nous apportant plein de nouveautés.

Et puis l'année prochaine il reviendra,
On en est certains, il nous l'a promis
Alors on chantera, on dansera
Ensemble comme d'éternels amis.

VOICI LE JOUR DE L'AN (sonnet)

Il était déjà là, dans ce long bout du monde,
Tout fier et tout nouveau, chez nos amis lointains
De l'Orient-Extrême et des petits matins,
Apportant son bonheur, sa nouvelle faconde.

De longs feux d'artifice offraient comme une ronde
Au bord du Pacifique et des pays atteints ;
Le temps des meilleurs vœux offrait ses bulletins,
Ses flacons pétillants, son humeur vagabonde

Et, soudain, tout à coup, vient de sonner minuit
À la fin du parcours, au bout de son circuit
Pour nous, impatients, des milliers à l'attendre,

Au bout de tous ces jours formant un océan,
Immense, sans frontière et désirant s'étendre
Avec tous ses éclats, voici le Jour de l'An.

NOEL

BALLADE POUR LE TEMPS DE NOËL (ballade)

Décembre a mis ses beaux habits,
Sa brillante et blanche parure
Et ses chants de tous acabits.
Quand la neige tombe en murmure.
L'hiver, le froid, ont fière allure
Malgré la dureté du gel,
Pour cette superbe aventure
Quand revient le temps de Noël.

La crèche montre ses brebis,
Des agneaux avec leur fourrure,
Les santons avec leurs fourbis
Courbés dessous la bise dure.
Le décor semble une peinture,
Un tableau tout plein d'irréel
Comme une sorte de gravure,
Quand revient le temps de Noël.

Les grands sapins tout ébaubis
Sourient à la jeune figure,
Portant comme autant d'alibis
Les cadeaux mis dans leur verdure.
L'année a fini de conclure
La fête au cours universel.
On voudrait que ce jour perdure
Quand revient le temps de Noël.

Princes, dessous votre toiture,
Voyez ce spectacle éternel
D'un monde à la tête si pure
Quand revient le temps de Noël.

ÉCOUTEZ CHANTER NOËL (poème libre)

Noël a mis ses plus beaux habits
Les sapins verts sont tout en blanc
La neige refait sa chanson
Décembre nous fait des sourires
Quel joli temps de fin d'année
Quel joyeux retour
Quel bel espoir dans l'air
Un nouveau-né des enfants
Refont le chant de demain
Des crèches vont écrire
La belle histoire qui revient
Minuit chrétiens s'envole
Par le toit des églises
Et le divin enfant
Nous fait une jolie musique
Merci à toi la vie
Merci à vous les hommes
Merci beaucoup merci pour tout
Écoutez ce refrain
Écoutez chanter Noël
Bientôt l'année se finira
Bientôt d'autres soleils s'éclaireront
Le Nouvel An prépare ses faisceaux
Mais de quoi sera fait demain
Pour l'instant le plus beau jour
Éclaire de toute sa lumière
La vie dessus la terre
Il fait beau au cœur de l'hiver
Il fait si chaud dans les maisons
Il fait si bon dans l'existence
Alors juste pour ce moment
Alors pour cette simple journée
Et pour ce renouveau présent
Écoutez chanter l'existence
Écoutez chanter le monde
Écoutez chanter Noël

LE PÈRE NOËL VA VENIR (comptine)

Quand sera-t-il là,
Quand sera-t-il là pour nous ?
On dit qu'il est presque prêt,
Est-ce bien la vérité ?
Quelqu'un l'a-t-il vu,
Quelqu'un l'a-t-il vu ?
Il paraitrait qu'il est sur son traineau ;
Le père Noël va venir bientôt.

Quand sera-t-il là,
Quand sera-t-il là pour vous ?
On dit qu'il est en voyage,
Est-ce bien la vérité ?
Quelqu'un l'a-t-il vu,
Quelqu'un l'a-t-il vu ?
Il paraitrait qu'il est sur son traineau ;
Le père Noël va venir bientôt.

Quand sera-t-il là,
Quand sera-t-il là pour tous ?
Peut-être la nuit prochaine,
Est-ce bien la vérité ?
Quelqu'un l'a-t-il vu,
Quelqu'un l'a-t-il vu ?
Il paraitrait qu'il est sur son traineau ;
Le père Noël va venir bientôt.

Quand sera-t-il là,
Quand sera-t-il là pour nous ?
Je crois que je l'aperçois,
Est-ce bien la vérité ?
Quelqu'un l'a-t-il vu,
Quelqu'un l'a-t-il vu ?
Il paraitrait qu'il est sur son traineau ;
Le père Noël va venir bientôt.

QUAND NOËL SERA LÀ (chanson)

On chantera la vie
Quand Noël sera là
Et son nouveau messie.
L'espoir éclairera
Tous les cœurs exaltés.
Nous atteindrons ce but
D'un monde à défricher
Tout en ne rêvant plus.
C'est vraiment peu de choses :
Une étable, un enfant,
Pour remettre du rose
Au fond du cœur des gens.
Avec cette nouvelle,
Le monde renaitra
Quand l'espoir nous appelle,
Quand Noël sera là.

Les sapins sont en blanc ;
Il fait bon dans la crèche ;
On entonne des chants
Comme un hymne à la joie
Qui traverse le vent
Et la nuit devient fraiche,
Si près du nouvel an,
Prêt encore une fois.

On chantera la vie
Quand Noël sera là
Et son nouveau Messie.
L'espoir miroitera
Dans nos cœurs exaltés.
Nous atteindrons ce but
D'un monde à défricher
Tout en ne rêvant plus ;

C'est vraiment peu de choses,
Une étable, un enfant,
Pour remettre du rose
Au fond du cœur des gens.
Avec cette nouvelle,
Le monde renaitra
Quand l'espoir nous appelle
Quand Noël sera là.

QUAND REVIENDRA NOËL (sonnet)

L'année aura suivi ses différentes routes
Et l'hiver sera là couronnant le sapin ;
Sur la ville enneigée ou le sentier alpin,
Le froid replantera sa neige avec ses goutes.

Des enfants seront grands, en proie aux peurs, aux doutes
Mais d'autres s'en viendront, le visage poupin,
La mine extasiée ; un nouveau galopin
Attendra le grand jour sans songer aux déroutes.

Car on l'attend déjà, l'âme et le cœur fervents,
Ce jour bravant sans fin la bise et tous les vents,
Ce grand moment sacré, cette fête magique.

Alors nous l'entendrons ce merveilleux appel,
Ce chant d'amour, d'espoir, ce superbe cantique,
Dans les mois à venir quand reviendra Noël.

PÂQUES

PÂQUES VIENT D'ARRIVER (sonnet)

Noel s'en est allé, courir une autre vie
Et le printemps nouveau vient embaumer les fleurs :
Avril est un grand prince avec ses doux bonheurs ;
Voyez ses yeux brillants et sa mine ravie.

Après les jours en noir, voici qu'une autre envie
Envahit les croyants ; les hommes querelleurs
Se sont tus ; un Messie a défait leurs erreurs ;
Un monde de pardon est là qui les convie.

Et soudain le voilà, l'éblouissant éclair :
Il est ressuscité, l'espoir se renouvèle
Au-dessus d'un tombeau, par-dessus un ciel clair

Et l'on constate alors qu'un Dieu va se lever
Au seuil ensoleillé d'une saison nouvelle
Nous disant à nouveau : Pâques vient d'arriver

PÂQUES VIENT D'ARRIVER (chanson enfantine)

Les œufs vont se cacher,
Les cloches retentissent,
Les œufs vont se cacher,
Pâques vient d'arriver.

Les fleurs vont se montrer,
Le printemps va chanter,
Les fleurs vont se montrer,
Pâques vient d'arriver.

Les chansons se font gaies,
Une église est en fête,
Les chansons se font gaies,
Pâques vient d'arriver.

La joie est invitée
Chez les grands, les petits,
La joie est invitée,
Pâques vient d'arriver.

Maintenant tous ensemble,
Dans une communion,
Maintenant tous ensemble,
Fêtons Pâques en chanson.

PÂQUES DIT BONJOUR (poème libre)

L'hiver a plié ses bagages
Les beaux jours montrent leur nez
Le renouveau est enfin là
Et Pâques dit bonjour
Le joli mois d'avril
Chante sa douce chanson
Et les cœurs chrétiens ou pas
Ont mis leurs habits du dimanche
Voici un joli temps d'espoir
Voilà un joli temps de promesses
Noël semble bien loin
Et Pâques dit me revoici
Les vagues de l'été
N'ont pas commencé leur murmure
Il fait beau dans les cœurs
Dans la chapelle et la cathédrale
Tandis que Pâques nous sourit
Quelle belle saison
Quel beau moment d'espoir
Tendez la main vers votre prochain
Dites bonjour à vos voisins
Bénissez le ciel bleu
Dans sa chanson de renouveau
Car vous l'avez compris
Vous en êtes certains
Pâques est bien là
Pâques qui vous dit bonjour et merci

NOUS NOUS MARIERONS À PÂQUES (chanson))

Nous avons peur du froid et redoutons l'hiver
Avec ses neiges froides et tous ses maux divers.
Nous redoutons le ciel et ses effets pervers
Lorsque les vents s'excitent ou soufflent de travers

L'été nous semble chaud tout empli de torpeur
Quand juillet distribue ses rayons endormeurs
Les ruisseaux sont à sec la nature se meurt
Et nous craignons l'enfer et ses grandes chaleurs

Nous nous marierons à Pâques
Par un jour de splendide soleil
Le cœur et l'âme d'attaque
Dans un jour à nul autre pareil
Nous saisirons cette chance
Que viendra nous offrir le printemps
En ce temps de renaissance
Quand s'égaie le cœur des amants

Pourtant il pleut hélas en ce jour merveilleux
Les invités frissonnent et se frottent les yeux
Ce jour de paradis a comme un gout foireux
L'azur nous joue un tour dans son étrange jeu

Nos calculs de ciel bleu sont en berne en ce jour
Les fleurs sont en retard et le temps est bien lourd
Hélas juste aujourd'hui ou qui sait pour toujours
Mais ça ne change rien pour nos cœurs notre amour

Nous nous marions à Pâques
Il pleut mais ça n'est pas d'importance
Nous avons le cœur d'attaque
Et commençons la vie par un chant
Nous avons bien de la chance
Malgré toute l'eau de ce printemps
Pour nous le bonheur commence
Quand s'égaie le cœur des amants
Quand s'égaie le cœur des amants

BALLADE DES ŒUFS DE PÂQUES (Ballade)

Pour tous, il tardait à venir,
Ce jour comme une récompense,
Comme un superbe souvenir
Depuis le temps qu'on y repense.
Le tout premier printemps commence,
Les jours se font plus chaleureux.
Avec un ciel en connivence,
Pâques nous offre tous ses œufs.

Les parents sont venus garnir
Les jardins au feuillage intense,
Le temps de se ressouvenir
Des jours lointains de l'insouciance.
La fête de la renaissance
Vous fait aussi un cœur joyeux.
Quand il prend des airs de romance,
Pâques nous offre tous ses œufs.

Voilà qu'un nouvel avenir
Avec chaleur vers nous s'avance ;
De partout ils savent venir
Ces symboles de l'abondance.
La quête soudain devient dense
Et les petits cherchent, joyeux,
Des présents quand, chacun, lui pense :
Pâques nous offre tous ses œufs.

Princes, retombez en enfance,
Le cœur insouciant, heureux ;
En ce superbe jour de chance,
Pâques nous offre tous ses œufs.

VINGT ANS

85

AVOIR VINGT ANS (chanson)

Ma jeune vie ouvre ses ailes
Avec ses chants ses ritournelles
Avec le meilleur de mon temps
Avoir vingt ans
J'ai vu peu à peu fuir l'enfance
Au fil d'une tendre romance
Quand s'en vient l'époque des grands
Avoir vingt ans
Avoir vingt ans
Etre à la charnière de deux mondes
Quand la vie tourne comme une ronde
Laisser faire le temps quand le bleu vous inonde
En défiant tout l'univers
Se moquer de nos maux divers
Vivre le cœur insouciant
Avoir vingt ans

Demain verra d'autres matins
Des plaisirs de nombreux chagrins
Le cœur joyeux ou mécontent
Avoir vingt ans
Prendre le monde à bras le corps
Etre le maitre de son sort
Défier sans cesse le temps
Avoir vingt ans
Avoir vingt ans
Se prendre pour un prince ou un roi
Ne plus regarder derrière soi
Pour ne vivre aujourd'hui qu'un grand élan de joie

Les ans font leur parcours si vite
Il faut en profiter tout de suite
Demain souffleront d'autres vents
Avoir vingt ans
Avoir vingt ans
Vingt ans

BALLADE POUR CÉLÉBRER NOS VINGT ANS
(ballade)

Je le guette depuis toujours,
Chaque mois et chaque semaine,
Cet animal chargé d'atours
Que le temps lentement amène.
Je l'attends et je me démène
Dessus le chemin des enfants
En attendant ce phénomène :
Le jour béni de mes vingt ans.

Je le sentais aux alentours
Avec une ardeur très romaine
Et je l'appelais au secours
Quand l'impatience vous mène.
Aujourd'hui, voilà qu'il malmène
Le temps des mois insouciants.
Il m'apostrophe et se promène,
Le jour béni de mes vingt ans.

Aujourd'hui finit le parcours
De ma pauvre existence humaine
Quand la mort m'offre ses atours
Avec cette faux inhumaine.
À présent qu'elle se promène
Sur le rebord de mes printemps,
Je regrette ce vieux domaine,
Le jour béni de mes vingt ans.

Princes, voici qu'un jour s'amène,
Apportant des cieux éclatants
M'offrant une autre tête humaine,
Le jour béni de mes vingt ans.

LE JOUR DE NOS VINGT ANS (sonnet)

On pense à lui souvent, au temps de la jeunesse.
En l'imaginant là, dans son plus bel effet,
L'âme et le cœur ardents en croyant en effet
Le maitriser avant qu'un autre avenir naisse.

On se voit déjà grand, le corps tout en finesse.
Ignorant de ces maux, ce que le temps défait.
Ce bel anniversaire aura l'air d'un bienfait.
On hèle l'âge mûr pour qu'il nous reconnaisse.

Maintenant il est près ; demain il va venir
Avant de disparaitre en un vieux souvenir
Lorsqu'un être grandit et quand le temps commande.

Soudain il apparait, les yeux, le cœur contents,
Ce jour tant attendu comme une belle offrande ;
Le voilà, radieux, le jour de nos vingt ans.

QUAND J'AURAI VINGT ANS (chanson enfantine))

Je serai le plus content
Quand j'aurai vingt ans ;
Je serai le plus content
Quand j'aurai vingt ans.
Je serai comme les grands
Quand j'aurai vingt ans,
Grand comme mes parents,
Quand j'aurai vingt ans.

Je ne ferai plus l'enfant
Quand j'aurai vingt ans ;
Je ne ferai plus l'enfant
Quand j'aurai vingt ans.
Je ferai partie des grands
Quand j'aurai vingt ans,
Grand comme les gens,
Quand j'aurai vingt ans.

Je serai presque un géant
Quand j'aurai vingt ans ;
Je serai presque un géant
Quand j'aurai vingt ans.
Je vivrai dans un roman
Quand j'aurai vingt ans,
Bien plus fort qu'avant,
Quand j'aurai vingt ans.

VINGT ANS (poème libre)

Vingt ans
C'est court et c'est long à la fois
C'est un beau jour dans la vie d'un homme
Mais c'est un temps difficile
Pour ceux qui l'ont vu grandir
C'est aussi l'espoir qui ouvre ses volets
Et nous fait une chanson folle
Vingt ans
C'est parfois le temps d'une guerre
Le temps des souffrances et du malheur
Quand les mois se font millénaires
Et distribuent leurs coups
Sans savoir qui les mérite vraiment
Vingt ans c'est aussi
Un laps de temps dans la vie de l'humanité
Une goutte d'eau dans l'océan de l'univers
Une étoile dans une galaxie
Le temps de cligner de l'œil
Les voilà déjà évanouis
Nos vingt ans
Mais quand on les tient
L'espace d'un instant
Là entre nos deux mains
On ferait tout pour les retenir
On chanterait toutes les chansons du monde
Pour eux
Nos vingt ans
Mais tel un météore
Ils sont déjà passés
Ils s'en vont vers d'autres contrées
Tout là-bas vers d'autres pays
Eux nos vingt ans bien-aimés.

RÉCAPITULATIF DES POÈMES

La fête de la musique   P11
Ballade de la fête de la musique   P12
Fête de la musique   P14
Fêtons l'amour et la musique   P15
Tout ça fait de la musique   P17
Voici la fête de la musique   P19
La fête de la nature   P21
Aujourd'hui on fête la nature   P22
Ballade de la nature en fête   P24
La nature est en fête   P26
La nature est en fête   P28
Madame la nature   P29
La fête des morts   P30
À la fête des morts   P31
Je fête mes morts   P32
L'idée de la fête des morts   P34
La ballade de la fête des morts   P36
La fête des morts   P38
La fête du travail   P39
La fête du travail   P40
La fête du travail   P42
La fête du travail   P44
La fête du travail m'épuise   p45
Le grand orchestre du travail   p46
La naissance   P48
Avec cette naissance   P49
Ballade de la naissance   P50
Le jour de ta naissance   P52
Le jour d'une naissance   P53
L'anniversaire   P55
Aujourd'hui est un jour d'anniversaire   P56
Ballade pour un jour d'anniversaire   P58
Jour d'anniversaire   P59

Joyeux anniversaire	P60
Un bon Anniversaire	P62
Le Jour de l'An	**P63**
Ballade du jour de l'An	P64
Le jour de l'An	P65
Le Nouvel An au bout du monde	P67
Le Nouvel An est arrivé	P68
Voici le Jour de l'An	P69
Noel	**P70**
Ballade pour le temps de Noel	P71
Ecoutez chanter Noel	P72
Le père Noel va venir	P73
Quand Noel sera là	P74
Quand reviendra Noel	P76
Paques	**P77**
Pâques vient d'arriver	P78
Pâques vient d'arriver	P79
Pâques dit bonjour	P80
Nous nous marierions à Pâques	P81
Ballade des œufs de Pâques	P83
Vingt ans	**P85**
Avoir vingt ans	P86
Ballade pour célébrer nos vingt ans	P87
Le jour de nos vingt ans	P88
Quand j'aurai vingt ans	P89
Vingt ans	P90

Imprimé en France par Lulu.com
Dépôt légal : Mai 2018

www.ingramcontent.com/pod-product-compliance
Lightning Source LLC
Chambersburg PA
CBHW071310040426
42444CB00009B/1964